DE

# L'ABROGATION

DES

## ORDONNANCES DE LOUIS XVIII,

QUI PRIVENT

DE LEURS GRADES ET DÉCORATIONS

LES MILITAIRES PROMUS PENDANT LES CENT JOURS.

**PARIS,**

IMPRIMERIE DE DAVID,

BOULEVART POISSONNIÈRE, N° 4 *bis.*

—

**1831.**

# DE L'ABROGATION

DES

## ORDONNANCES DE LOUIS XVIII,

QUI PRIVENT

DE LEURS GRADES ET DÉCORATIONS

LES MILITAIRES PROMUS PENDANT LES CENT JOURS.

———————

Quand, depuis sept mois, une partie des plus anciens défenseurs de la patrie réclame infructueusement la jouissance de récompenses acquises par de longs et honorables services, et que les intentions généreuses et rémunératrices du chef de l'Etat se trouvent paralysées par l'infidèle exposé des effets et des conséquences de l'acte réparateur sollicité ; en signaler la justice, démontrer l'exagération des résultats pécuniaires qu'on lui assigne , faire sentir l'inexactitude de l'analogie qu'on cherche à établir entre des *fonctions civiles* et des *grades militaires*, est à la fois servir la patrie et le prince. Aucun ne s'écarte impunément des voies étroites d'une impartiale équité.... Les affections individuelles et les vues intéressées de ceux qui parviennent à l'en faire dévier, quelqu'adroitement voilées qu'elles soient, se découvrent ; et le temps ne tarde pas à faire mûrir les fruits amers dont d'arbitraires déterminations ont fécondé les germes.

Eclairer le conseil du Roi et l'opinion publique en rappelant les principes qui légalisent nos nominations, dissiper le prestige d'argumentations captieuses, réfuter les erreurs, les faux calculs, les sophismes consignés par l'ex-ministre de la guerre maréchal GÉRARD, dans les colonnes du *Moniteur* et dans son dernier *Rapport au Roi*, tel est le but de cette publication, qui ramènera la question à ses véritables termes, en la dégageant des vaines difficultés dont on l'a hérissée.

§ Ier. LÉGALITÉ DES PROMOTIONS DES CENT JOURS.

Au mois de mars 1815, l'autorité basée sur le droit divin avait disparu ; une autorité nouvelle, fondée sur la volonté nationale, la remplaçait.

Louis XVIII, sorti du royaume, réfugié à Gand, et dans l'impossibilité d'exercer les fonctions royales, n'était plus roi.

Napoléon avait ressaisi le sceptre arraché de ses mains par la coalition ; et le vœu de l'immense majorité des Français, légalement exprimé, légitimait son gouvernement. Cependant l'étranger menaçait d'envahir une seconde fois notre territoire. Obligé d'organiser les populations qui volaient à sa défense, de réunir les débris épars de l'ancienne armée, de la reconstituer sur une plus grande échelle, l'Empereur se hâta de rappeller ceux de ses officiers qui lui avaient été enlevés. Un assez grand nombre, prisonniers en Angleterre, en Espagne, en Russie, ou renfermés dans les places d'Allemagne ou d'Italie avec lesquelles toute communication était interceptée en 1814, n'avaient pu obtenir les grades et les récompenses auxquels ils avaient des droits : il dut les leur conférer.

De justes, d'impérieuses considérations motivèrent donc les nominations et les récompenses décernées en 1815.

Elles réunissent tous les caractères qui constituent la validité; elles sont l'œuvre d'un gouvernement de fait, d'un gouvernement reconnu par la volonté souveraine de la nation.

Leurs détenteurs sont en droit de les réclamer,

1° Parce que les grades et les décorations deviennent pour leurs titulaires une propriété légitimement acquise, lorsqu'on les obtient en défendant le pays contre l'étranger;

2° Parce que l'armée appartient nécessairement à la patrie, au sol, et non à tel ou tel homme, à tel ou tel gouvernement;

3° Parce qu'un peuple ne peut pas émigrer;

4° Parce que tout souverain qui quitte le territoire est, par le fait, suspendu de ses fonctions;

5° Parce que la puissance publique est toujours présente et ses actes valides, quelqu'en soit le dépositaire.

6° Parce que si, dans les monarchies absolues, il est d'usage de tout rapporter à la personne du souverain et d'identifier l'État avec le roi, une telle hérésie politique n'est point admise dans les monarchies constitutionnelles.

Ces principes sont consacrés par tous les publicistes et reconnus par tous les historiens. *Voyez* Puffendorf, Blackstone, Vatel, l'*Histoire de la cour de Coblentz*, le Manifeste de Gand, etc., etc.)

Loin d'avoir été annulés, les actes du gouvernement impérial en 1815, lors de la seconde restauration, ont été au contraire reconnus par le gouvernement royal. Il a rempli les engagemens pécuniaires contractés pendant les *cent jours*, et validé les dispositions de fonds, même irrégulières, faites par Napoléon; il n'est point revenu sur la négociation des valeurs de la liste civile opérées par l'Empereur jusqu'au 21 juin 1815, jour de la cessation de son pouvoir de fait; il les a regardés comme valables, même à l'égard de ceux qui avaient traité volontairement ; les frais de gratification d'entrée en campagne, en 1815, ont été payés ; et il a été tenu compte, dans la supputation des services militaires, de la campagne de Waterloo. Les arrêts et jugemens rendus pendant les *cent jours* ont eu toute l'irrévocabilité de la chose jugée. Enfin, Louis XVIII a AMNISTIÉ les faits de rébellion contre le gouvernement des *cent jours*, et remis les amendes encourues, mais seulement pour ce qui restait à payer ( ordonnance du 19 juin 1816); d'où il suit que le surplus était regardé comme légalement acquis.

Que, dans l'aveugle énivrement d'un retour inespéré, Louis XVIII ait licencié une armée que tant d'exploits et un dévouement si constant à la défense de la patrie environnaient du respect et même de l'intérêt d'ennemis victorieux ; qu'il ait, par des ordonnances de *bon plaisir*, dépouillé de leurs grades et récompenses une partie de ses officiers, offert la tête de plusieurs de ses chefs en holocauste expiatoire de la valeur française; et qu'il en ait voué d'autres à une longue proscription : les circonstances l'expliquent. Mais que le gouvernement de Louis-Philippe semble reconnaître que la force constitue le droit, et laisse subsister les actes arbitraires du gouvernement absolu : comment s'en rendre raison ?

Les Officiers et les Légionnaires des *cent jours* ne tiennent-ils pas leurs droits d'un gouvernement de fait... d'un gouvernement relevé par le vœu du peuple et sanctionné par l'assentiment de l'immense majorité des Français, d'un gouvernement auquel celui de Louis-Philippe est identique ?

Comment son ministère ne voit-il pas qu'en maintenant les actes spoliateurs auxquels la haine d'un parti et l'abus du pouvoir ont porté Louis XVIII, il fait le procès à la révolution de juillet; qu'il entache d'illégitimité le gouvernement actuel, et ébranle le trône sur lequel est élevé le roi des

Français ? Un but plus libéral et des résultats plus heureux différencient les grands mouvemens politiques de 1815
et de 1830; mais il y a complète parité, quant à la légalité,
quant à l'incommutabilité des actes divers des deux gouvernemens auxquels ils ont donné naissance.

Sachant se renfermer dans le cercle de sa prérogative
royale, Louis-Philippe a cessé d'employer quelques-uns des
officiers promus par Louis XVIII et Charles X; mais il n'en
a dépouillé aucun des grades qu'ils leur avaient conférés …
Et cependant, qu'ils sont différens des nôtres, les titres qui les
leur ont fait obtenir ! D'un côté, émigration, guerre civile,
alliance avec l'étranger, dévouement au pouvoir arbitraire; de
l'autre, défense du sol sacré de la patrie, fidélité aux couleurs
nationales, aux formes constitutionnelles et aux principes li-
béraux constamment chers à la nation.

Sous le poids de quelle responsabilité morale ne s'est-il
donc pas placé celui qui, dans le conseil du prince, a
cherché à faire méconnaître et invalider nos droits ? qui, mo-
difiant, suivant le moment et les circonstances, sa manière de
voir et ses sentimens, écrivait « qu'il voyait, dans la ré-
» clamation en masse des grades de 1815, une question de
» justice ; » qui, peu après, promettait de « s'associer aux
» Officiers des *cent jours*, pour faire consacrer une recon-
» naissance qui était dans son cœur.....,» et qui, plus tard,
» s'excusait de ne la pas prononcer, en alléguant l'insuffisance
» de ses pouvoirs. » Comme si une ordonnance était un
acte législatif ! comme si, dépouillés par un acte ministériel
en 1815, il ne suffisait pas, en 1830, d'un autre acte
ministériel pour nous en remettre en possession !

§ II. FAVEURS MINISTÉRIELLES.

REDOUTANT, sans doute, qu'elle ne fût partagée par tous

les amis de la patrie , l'indignation profonde qu'allume en nous le DÉNI DE JUSTICE dont l'ex-ministre s'est rendu l'apologiste, il s'est empressé de publier qu'un grand nombre des Officiers des *cent jours* avaient été remis en activité et employés dans l'armée.

Quelques-uns, il est vrai , ont retrouvé, par l'effet d'une nomination nouvelle, le grade auquel ils avaient été promus en 1815.

D'autres ont même obtenu un grade supérieur à celui dont les revêtit Napoléon à cette époque.

La crainte de trop complètement aliéner l'opinion publique , une secrète partialité envers des intimes ou des affidés., cette pente vers l'arbitraire qui entraîne si souvent les agens du pouvoir, sont-elles étrangères à ces nominations ? Nous ne voulons point approfondir cette question. Nous nous bornerons à faire remarquer que la rémunération des premiers a été incomplète , puisqu'on leur fait perdre leur ancienneté ; que l'avancement des autres est attentatoire à la loi du 18 mars 1818, dont l'observation était un des devoirs de l'ex-ministre ; et que M. le maréchal Gérard se serait permis une pensée aussi fausse qu'injurieuse pour nous, s'il avait pu croire que la reconnaissance en masse de nos grades affaiblirait ce sentiment de gratitude si légitimement dû au souverain qui répare une grande injustice; sentiment qui s'accroît encore, quand l'acte réparateur en efface tous les effets et comprend tous ceux qui en ont souffert. Non, il n'est pas besoin d'une nomination nouvelle, pour qu'ils soient aussi chers à nos cœurs qu'indissolubles à nos yeux, les liens qui nous attachent à un Roi constitutionnel !

Ajoutons enfin que, s'il est vrai que quelques Officiers des *cent jours* ont obtenu leurs grades ou de l'avancement, la plus grande partie de ceux replacés l'ont été dans le grade inférieur à celui que leur avait conféré l'Empereur , et qu'une faveur ministérielle qui consacre une spoliation imméritée, ne peut qu'être repoussée par nous, comme entachée d'humiliation.

## § III. ANCIENNETÉ.

Quoique légèrement indiqué dans les argumentations de l'ex-ministre maréchal Gérard, le point le plus délicat, nous a-t-on dit, dans la question de l'abrogation de l'ordonnance de 1815, est l'*ancienneté* que nous donnerait la date de nos brevets... Dans l'ordre du classement, nous primerions le plus grand nombre des titulaires des grades correspondans en activité dans l'armée.

Loin de nous, sans doute, l'opinion qu'on nous prête que le passé doit déshériter le présent et l'avenir. Toutefois, comment taire les considérations qui militent en notre faveur ? Nos épées ont été brisées par le gouvernement royal... et l'on se ferait un titre contre nous de l'inactivité à laquelle nous avons été condamnés ! L'avancement accordé par Napoléon fut le prix de notre sang versé pour la patrie et la récompense de longues et pénibles campagnes ; celui de nos compétiteurs (1), la rémunération des services qu'ils ont rendus pendant la paix: ils ont joui durant quinze ans des douceurs et des avantages qu'elle procure, tandis qu'un affreux dénuement, des dégoûts de tous genres, des persécutions imméritées, furent notre partage. D'une telle différence de positions ne résulte-t-il pas de nouveaux droits, que le gouvernement de 1830, solidaire des engagemens de celui de 1815, ne doit pas plus mécon-

---

(1) Nous en exceptons les officiers auxquels les expéditions de Morée ou d'Alger donnent des titres analogues aux nôtres.

naître, que nous ne pouvons cesser de réclamer comme notre propriété, nos grades, notre ancienneté, nos décorations.

§ IV. CONFUSION DE L'EMPLOI ET DU GRADE. — FAUSSE ASSI-
MILATION DES EMPLOIS CIVILS ET DES GRADES MILITAIRES.

» A en croire M. le maréchal Gérard, la reconnaissance des
» grades conférés dans les *cent jours* rendrait inévitable
» l'extension de cette mesure à tous les préfets et sous-pré-
» fets, aux receveurs-généraux et agens des finances, et aux
» employés de toutes les classes des autres branches d'admi-
» nistration. Les membres des cours de justice et tribunaux,
» les membres de la chambre des pairs, et tous les hommes
» investis, à cette époque, de fonctions inamovibles, seraient
» fondés à en venir réclamer la possession. »

Moins que tout autre, un ex-ministre de la guerre devrait se permettre de pareils sophismes; car il sait, mieux que personne, qu'il n'y a point de parité entre les détenteurs d'*emplois* civils et les titulaires de *grades* militaires. Si d'utiles capacités ou de grands talens donnent des titres aux fonctions civiles, ils ne constituent pas des droits à leur obtention. La confiance, l'estime du prince, déterminent son choix. Il est libre de le faire, comme de le révoquer.

Il n'en est pas de même des grades militaires. De glorieux faits d'armes, d'honorables cicatrices, de longs travaux, y donnent des droits que le prince est obligé de reconnaître. Acquis à titre onéreux, le *grade* devient une propriété sacrée, dont le titulaire ne peut être dépouillé que par un jugement préalable. Si un monarque absolu se l'est permis, un monarque constitutionnel ne saurait le faire, sans franchir les limites de sa prérogative royale.

Ajoutons encore qu'il ne peut y avoir analogie entre le militaire et le civil, quant à des *grades*, puisqu'il n'en existe pas dans ce dernier ordre.

Vainement une perfide malveillance affecte-t-elle de confondre le *grade* et l'*emploi*. Les principes qui en établissent la différence, consacrés par une longue adoption, devraient être connus de l'ex-ministre. Son successeur, le maréchal Soult, vient encore de les rappeler, de la manière la plus précise, à l'art. 70 d'un projet de loi militaire soumis en ce moment à la chambre des députés.

« Le *grade* (y est-il dit) est distinct de l'*emploi*. »

« Le Roi dispose de l'*emploi*. »

« L'Officier ne pourra perdre son *grade*, ni le traitement » affecté au grade, que par démission ou par jugement. »

Sous le rapport de l'*emploi*, la position des fonctionnaires civils et militaires est la même. L'amovibilité leur est commune ; les uns comme les autres sont révocables à la volonté du Roi. Le seul caractère différenciel est inhérent au *grade*; son inamovibilité établit un privilége qui ne s'étend point aux fonctionnaires civils et administratifs.

Quant à l'assimilation des fonctions inamovibles de la magistrature et des grades militaires, ne peut-on pas faire remarquer qu'aucune ordonnance n'a privé les membres des cours et tribunaux des grades qu'ils ont dû prendre dans les facultés pour devenir aptes aux emplois auxquels ils avaient été appelés ? Ces grades sont irrévocables comme les nôtres. En destituant un magistrat, on ne peut lui ravir son diplôme de licencié ou de docteur, il ne cesse pas d'être avocat. L'abrogation de l'ordonnance de 1815 n'aura donc d'autre effet que de replacer les titulaires des grades militaires obtenus pendant les *cent jours*, dans la même position d'aptitude à l'emploi, dans le même état d'*expectative* où n'ont pas cessé d'être les magistrats révoqués en 1815.

Peut-on nier d'ailleurs que, quand de grandes secousses politiques ébranlent les états et que leurs gouvernemens s'écroulent,
les divers rouages qui leur donnaient le mouvement et la vie
ne se brisent, que les corps constitués qui leur servaient d'é-
tais n'éprouvent de grandes modifications, et que leurs agens
ne rentrent pour la plupart dans la classe ordinaire des
citoyens. L'armée ne saurait, sans danger pour l'Etat, être
soumise aux mêmes vicissitudes. La défense du territoire,
l'honneur national à conserver intact, l'intervention étran-
gère à prévenir, fixent le soldat sous ses drapeaux, et ne per-
mettent point de priver l'armée d'un des principaux élémens
de sa force et de ses succès, des officiers instruits et expéri-
mentés.

L'incommutabilité des grades a donc toujours été reconnue:
il eût été aussi impolitique qu'injuste de ne pas la consacrer.
Si ce principe n'eût point été adopté, le moral de l'armée eût
été affaibli. On défend moins énergiquement une jouissance
précaire qu'un droit de propriété.

### § V. Résurrection des catégories ministérielles.

Afin d'apporter toute espèce d'entraves à l'adoption de
la mesure réparatrice que nous réclamons, l'ex-ministre de la
guerre n'hésite pas à dire que « parmi les Officiers promus
» pendant les *cent jours*, il faudrait distinguer les purs de
» ceux qui se sont jetés dans les bras de la prétendue restau-
» ration. »

M. le maréchal Gérard oublie que le ministère de Louis XVIII
a baptisé tous les Officiers des *cent jours* impurs au 10ᵉ degré,
et qu'un tel baptême suffit pour les rendre dignes de la con-
firmation.

Il oublie également que ceux de ces Officiers que l'absence
de toutes ressources et l'intérêt de leur famille ou de leur
avenir ont retenu ou replacé sous les drapeaux de la restauration, sont pour la plupart revêtus maintenant des grades

qu'ils avaient obtenus de l'Empereur en 1815, et désintéressés dans notre cause.

Il ne s'aperçoit pas que, puisqu'il ne conteste la *pureté* à aucun des officiers réemployés par le gouvernement royal, la demande d'*emploi* n'a pas pu faire perdre cette *pureté* à ceux qui l'auraient formée, quand surtout elle n'a pas été accueillie.

Mais, l'ex-ministre se croit permis d'employer des poids et des mesures différentes pour fixer la valeur de déterminations identiques dans leurs motifs, si elles diffèrent dans leurs résultats, et d'élever ou d'abaisser à son gré les balances de la justice. Il lui était réservé d'essayer de ressusciter sous le règne de Louis-Philippe, les catégories du duc de Feltre, et de nous soumettre aux rigueurs épuratoires de l'époque déplorable qui les vit exercer contre nous.

## § VI. ÉNORMITÉ DES DÉPENSES. — PITOYABLE JONGLERIE MINISTÉRIELLE.

Le maréchal Gérard a espéré nous aliéner les chambres en proclamant « qu'il résulterait pour l'Etat une dépense très-
» considérable, par la reconnaissance des grades militaires et
» emplois civils conférés dans les *cent jours*; » et pour revêtir des couleurs de la vérité une assertion erronée, il agglomère des tas de chiffres, au milieu desquels le chiffre réel des Officiers des *cent jours* disparaît.

Nous avons déjà mis à même d'apprécier le peu de validité des réclamations des fonctionnaires civils, s'ils se permettaient d'en faire. Ils ne doivent donc point figurer dans les calculs dont nous avons à nous occuper. L'ex-ministre y fait entrer 432 nominations qui eurent lieu avant l'abdication : ce qui élève induement à 1936 le nombre des Officiers promus par l'Empereur et la Commission de gouvernement en 1815, tandis qu'il n'est que de 1504; et il porte en outre, en ligne de compte, 2298 nominations à des grades honoraires ( la plupart fort élevés ), faites par les Bourbons depuis la restauration.

Titulaires de 1815, nous défendons nos droits, sans chercher à invalider ceux des autres : toutefois il doit nous être permis de dire qu'il n'y a rien de commun entre nous et les détenteurs de grades honoraires conférés par Louis XVIII et Charles X. Notre sympathie appartient à nos anciens frères d'armes, rayés des contrôles, condamnés pour prétendus crimes politiques, ou inscrits sur des listes de proscription et de mort. Le sort des veuves et des enfans de nos malheureux camarades tombés sous le plomb liberticide des conseils de guerre ou la hache sanglante des cours prévôtales, excite en nous le plus vif intérêt... Mais nous savons que nous devons nous borner à demander l'*abrogation* pure et simple des ordonnances de juillet et août 1815, et à faire voir que ce grand acte de justice nationale n'accroîtra pas, autant qu'on peut le craindre au premier coup-d'œil, les dépenses de l'état.

Divers modes de réparation et de rémunération auraient pu et peuvent encore être adoptés, à l'égard des Officiers et Légionnaires des *cent jours*.

1ʳᵉ HYPOTHÈSE. Si, au lieu de nommer de nouveaux Officiers, le gouvernement eût voulu employer dans leurs grades de 1815 ceux d'entre eux qui sont susceptibles de reprendre de l'activité, il y aurait eu économie réelle au budget, de 367,747 fr.

2ᵉ HYPOTHÈSE. Si le gouvernement, après les avoir confirmés dans leurs grades de 1815, ne veut employer aucun des Officiers des *cent jours*, il y aura accroissement dans les dépenses de l'état d'une somme de 456,128 fr.

Dans la Légion, la dépense résultant de la reconnaissance des Légionnaires à rémunérer s'élèvera à 375,000 fr., attendu que des 6191 nominations de 1815, il faut défalquer les Légionnaires morts depuis quinze ans, ceux adoptés par la restauration, et les Officiers de l'armée et les Légionnaires civils.

qui n'ont droit aucun traitement : ce qui réduit à 1,500 le nombre des sous-officiers et soldats dans le cas de recevoir celui de 250 fr.

L'*arriéré*, tant pour l'armée que pour la Légion-d'Honneur, s'élève à environ QUINZE MILLIONS.

Nous allons démontrer par des chiffres ces différentes assertions.

### ART. I<sup>er</sup>. — COURANT.

#### 1° Grades militaires.

D'APRÈS le *Moniteur*, les promotions qui ont été faites dans l'armée, s'élèvent :

1° Avant l'abdication de 1814, par l'Empereur, ses généraux - gouverneurs de places et ses commissaires extraordinaires. . . . . . . . . . . 432

2° Du 27 février au 21 juin 1815, par l'Empereur. . . . . . . . . . . . . 1,005

3° Du 22 juin au 7 juillet 1815, par la Commission de Gouvernement, instituée par les deux Chambres après la seconde abdication. . 499

4° Grades honoraires conférés, depuis 1815, par les Bourbons.. . . . . . . . . . . 2,298

4,234

Supprimant *à toujours* les grades honoraires de la restauration, tout - à - fait étrangers aux promotions des *cent jours*, . . . . . . . . . . . 2,298

Restera le chiffre sur lequel la confusion faite par le journal officiel, entre les Officiers de la promotion de 1814 et ceux de la promotion de 1815, nous force à opérer. . . . . . . . . . . . . 1,936

d'où nous déduirons les Officiers d'avant l'abdication de Fontainebleau. . . . . . . . . . . . 432

Et les promotions réelles des *cent jours* seront réglées à. 1,504

Le tableau suivant offrira la dépense actuelle pour le *maximum* des retraites payées aux 1,936 Officiers du *Moniteur*, d'après le grade et le tarif de 1814, et l'augmentation qui résulterait de l'abrogation de l'ordonnance du 1ᵉʳ août 1815 et de l'admission de *tous* ces Officiers au *maximum* de la retraite du grade des *cent jours* d'après le nouveau tarif.

| NOMBRE. | GRADES DE 1814 reconnus PAR LA RESTAURATION et par le GOUVERNEMENT ACTUEL. | RETRAITES. (*Anc. tarif.*) | TOTAUX. | GRADES DE 1815 méconnus PAR LA RESTAURATION et par le GOUVERNEMENT ACTUEL. | RETRAITES. (*Nouv. tarif.*) | TOTAUX. |
|---|---|---|---|---|---|---|
| 1 | Lieutenant-Général... | 6,000 | 6,000 | Maréchal de France (2) | 40,000 | 40,000 |
| 46 | Maréchaux de camp.. | 4,000 | 184,000 | Lieutenans-Généraux. | 6,000 | 276,000 |
| 78 | Colonels............. | 2,400 | 187,200 | Maréchaux de camp.. | 4,000 | 312,000 |
| 120 | Majors (Lieut.-Col.).. | 2,000 | 240,000 | Colonels............ | 3,000 | 360,000 |
| 72 | Chefs de Bataillon.... | 1,800 | 129,600 | Majors (Lieut.-Col.).. | 2,400 | 172,800 |
| 352 | Capitaines ........ .. | 1,200 | 422,400 | Chefs de Bataillon... | 2,000 | 704,000 |
| 324 | Lieutenans. ... .. | 900 | 291,600 | Capitaines. .. ........ | 1,500 | 486,000 |
| 363 | Sous-Lieutenans .... | 700 | 254,100 | Lieutenans. ........ .. | 1,000 | 363,000 |
| 580 | Sous-Officiers (1)..... | 500 | 290,000 | Sous-Lieutenans.. | 800 | 464,000 |
| 1936 | *Dépense actuelle* incontestée.. | | 2,004,900 | *Dépense future* réclamée..... .. | | 3,177,800 |

```
Dépense future. . . . . . . . . . . . . . . . . . . . . 3,177,800
Dépense actuelle. . . . . . . . . . . . . . . . . . . . 2,004,900
                                                        _________
  Augmentation de dépense . . . . . . . . . . . . . . . 1,172,900
```

(1) Les pensions des sous-officiers varient de 4 à 600 fr. On a pris le terme moyen.

(2) On a porté ici le traitement d'activité, n'ayant pas d'exemple qu'un maréchal de France ait été mis à la retraite.

Ce tableau, nécessairement *approximatif*, repose sur des données dont l'examen impartial entraîne de grandes modifications.

Répétons, pour plus de clarté, que les retraites actuelles, liquidées d'après l'ancien tarif, dont jouissent les Officiers des *cent jours* à raison du grade *incontesté* qu'ils avaient lors de la première restauration, s'élèvent à . . . . . . . . . . . . . . . . . . . . . . . . 2,004,900

La réduction, dans la proportion de $\frac{432}{1936}$ ou $\frac{27}{121}$ (soit *deux-neuvièmes*) de la partie afférente dans les retraites aux 432 Officiers d'avant l'abdication de 1814, étant de. . . . 445,534

Les QUINZE CENT QUATRE Officiers de la promotion réelle des *cent jours* ne seront *parties prenantes* au budget des retraites que pour. . . . . . . . . . . . . 1,559,366

Si, pour fixer les réductions que nous avons à faire sur ce dernier chiffre, nous adoptons les mêmes proportions que celles qu'il nous a été permis de *vérifier* à la Chancellerie pour les membres de la Légion d'Honneur,

1° La mort aura moissonné $\frac{1055}{6491}$ (soit un *sixième*) des Titulaires des grades de 1815, et leurs pensions de retraite seront dès aujourd'hui éteintes pour. . . . . . . . . . . . . . . . . . 259,894 }

2° La restauration en aura adopté $\frac{1906}{6491}$ (soit *deux-sixièmes* ou le *tiers*); et leur retraite, d'ailleurs non inscrite au grand livre, est à supprimer ici pour. . . . 519,789 } . 779,683

Et les pensions de retraite dont le trésor public reste grévé pour la moitié (soit 752) des Officiers crus *vivans* et promus dans les *cent jours*, ne seront plus que de. . . . . . . . . . . . . . . . 779,683

1<sup>re</sup> HYPOTHÈSE : où le Gouvernement voudrait employer tous les Officiers des *Cent Jours* susceptibles de reprendre l'activité.

Si, au lieu d'en créer de nouveaux, le Gouvernement se déciderait à appeler ceux des Officiers des *cent jours* qui sont encore susceptibles d'activité et qui ne sont pas compris dans le nombre de ceux que la restauration a employés, il pourrait réduire le budget des retraites arrêté à. . . . . .    779,683

des *deux tiers*, par l'extinction immédiate des pensions de retraite qu'il paye, comme irrévocablement acquises, à 500 Officiers qui lui demandent de l'emploi.    519,789

au *tiers* incontesté déjà payé à 250 Officiers des *cent jours* incapables de reprendre un service actif.  .  .    259,894

Nous avons établi que si *tous* les Officiers des *cent jours* existaient en ce moment, et que *tous* fussent hors d'état d'être employés, la différence des retraites à leur accorder, d'après le *maximum* du nouveau tarif appliqué au grade acquis en 1815, avec celles dont ils jouissent d'après le *maximum* de l'ancien tarif et pour les grades inférieurs, serait de.  .  .  ,  .    1,172,900

Mais si nous en déduisons ce que, dans ce chiffre, nous avons alloué,

1° aux 432 Officiers promus avant l'abdication de Fontainebleau. . . . . . . . . . . . . . . . . . .    260,645

2° à ceux que la mort a frappés. . . . . . .    152,043

3° aux Officiers accueillis par la restauration. . . . . . . . . . . . . . . . . . . . . . . .    304,085      1,020,858

4° à ceux que la révolution doit appeller nécessairement sous les drapeaux.  .  .    304,085

L'augmentation réelle de dépenses en faveur de ces DEUX CENT CINQUANTE vieux et braves Officiers des *cent jours*, reconnus dans leurs grades et retraités en conséquence, ne serait que de. . . . . . . . . . . . . . . .    152,042

Mais comme tout à la fois le pays aurait acquis les services de 500 vieux Officiers et bénéficié de leurs retraites actuelles de . . . . . . . . . . . . . . . . . . . .    519,789

Il y aurait, sous le rapport financier, dans l'adoption de la combinaison que nous indiquons, ÉCONOMIE réelle au budget de. . . . . . . . . . . . . . . . . . . .    367,747

2ᵉ **Hypothèse** : où le Gouvernement ne voudrait employer aucun des Officiers des *Cent Jours.*

Que si la politique du Gouvernement lui paraissait exiger de tenir éloignés de l'Armée *tous* les Officiers des *cent jours,* reconnus dans leurs grades et jouissant de leur retraite, voici quelles seront les charges nouvelles qui pèseront sur l'État.

La retraite calculée au tableau précédent pour.    3,177,800
dont il faudra déduire la quotité affectée aux Officiers promus avant l'abdication de 1814 . . . . . . . . . . . .    706,178
restera, pour les Officiers des *cent jours,* à. . . . . . . .    2,471,622

Mais comme la *moitié* des Officiers de cette époque sont morts ou ont été adoptés par la restauration, la masse de leurs retraites diminuée dans cette proportion de . . . . . . . . . . . . . . . . . . . . . . . . . . . .    1,235,811
sera réduite à . . . . . . . . . . . . . . . . . . . . .    1,235,811

Et comme l'Etat paie à cette portion survivante et réclamante les retraites du grade et du tarif inférieurs de. . . . . . . . . . . . . . . . . . . . . . . . . . .    779,683

Il y aurait une augmentation immédiate de dépenses qui s'éleverait à. . . . . . . . . . . . . . . . . . . . . . .    * 456,128

### CONSÉQUENCES DE L'UNE ET DE L'AUTRE HYPOTHÈSES.

Le Gouvernement, employant les 500 Officiers des *cent jours,* propres au service et reconnus dans leur grade, opèrera sur ses dépenses une *économie* de. . . . . . . . . . .    367,747
Ne les employant pas, il *augmentera* ses dépenses de.    456,128

Ce qui, en définitive, établira, au préjudice du trésor public, une *différence* de . . . . . . . . .    823,875

---

* L'*arriéré* établi ci-après page 21 , s'élève pour 1830, à. . . . . . .    466,264
En déduisant l'extinction annuelle de. . . . . . . . . . . . . . . .    10,136
Le *courant* de 1831 se trouve fixé comme dessus, à. . . . . . .    456,128

## 2° Légion d'Honneur.

Les promotions faites dans la Légion d'Honneur, pendant les *cent jours*, s'élèvent à. . . . . . . . . . . . 6,191

De ce nombre primitif sont à déduire :

1° Les morts. . . . . . . . . . . . 1,055 ⎫
2° Les légionnaires adoptés par la res-        ⎬ 2,961
tauration. . . . . . . . . . . . . 1,906 ⎭

Réclamans, dont . . . ⎰ 3/8 civils. . . 1,211 ⎱ 3,230
               ⎱ 5/8 militaires. 2,019 ⎰

On évalue le nombre des Officiers de l'armée et des citoyens non militaires qui n'ont droit à aucun traitement à . . . . . . . . . . . . . . . 1,730

Restent donc à rémunérer les sous-officiers et soldats promus dans les *cent jours*, au nombre de. 1,500

L'augmentation de dépenses pour le traitement de ces QUINZE CENTS sous-officiers et soldats, fixé à 250 fr., serait annuellement de TROIS CENT SOIXANTE-QUINZE MILLE FRANCS, ci.. . . . 375,000

RÉSULTAT SPÉCIAL, POUR 1831, DE L'ABROGATION DES ORDONNANCES DES 28 JUILLET ET 1ᵉʳ AOUT 1815.

Dans la première hypothèse :

L'augmentation annuelle, pour la *Légion d'Honneur*, étant de . . . . . . . . . . . . . . 375,000

La diminution, pour les *grades militaires*, dans la combinaison indiquée, étant de. . . . . . . 367,747

Tous les droits acquis dans les *cent jours* seraient satisfaits par une légère *addition* de dépense de. . . 7,253

Dans la seconde hypothèse :

Les augmentations de dépenses seraient, pour les *grades militaires*, de . . . . . . . . . 456,128

Pour la *Légion d'Honneur* . . . . . . . 375,000

Et la dépense *en sus* serait de. . 831,128

### ART. II. ARRIÉRÉ.

#### 1° Grades militaires.

Nous avons établi, pour les retraites, une augmentation de dépense de . . . . . . . . . . . . . . . . . 1,172,900

Il faut réduire d'abord la portion allouée aux Officiers promus avant l'abdication de 1814. . . . . 260,645

Et l'augmentation sera réduite à. . . . . . . . 912,255

Il faut ensuite distraire ce qui reviendrait aux Officiers accueillis par la restauration . . . . . 304,085

Restera à payer d'augmentation arriérée pour 1816. 608,170

Déduisant, pour ordre, les extinctions pour cause de mort depuis quinze ans, le *sixième* pris sur 912,255 fr. montant à. . . . . . . . . . . . 152,042

produira une diminution annuelle de fr. 10,136 $\frac{2}{15}$.

| | |
|---|---|
| 1816 | 608,170 |
| 1817 | 598,034 |
| 1818 | 587,898 |
| 1819 | 577,762 |
| 1820 | 567,626 |
| 1821 | 557,489 |
| 1822 | 547,353 |
| 1823 | 537,217 |
| 1824 | 527,081 |
| 1825 | 516,945 |
| 1826 | 506,808 |
| 1827 | 496,672 |
| 1828 | 486,536 |
| 1829 | 476,400 |
| 1830 | * 466,264 |

Ainsi, l'*arriéré*, en faveur des Officiers des *cent jours* et de leurs héritiers sera pour. . . . . . . . . . . . . . . . . . . .

Et pour la totalité de 1816 à 1831. . . . . . 8,058,255

* Voyez la note au bas de la page 19.

2° Légion d'Honneur.

L'ARRIÉRÉ des 375,000 fr. dûs, depuis quinze ans, aux 1,500 sous-officiers et soldats présumés *vivans* de la promotion des *cent jours*, s'élèvera, à raison d'un traitement annuel de 250 f. au capital de . . . . . . . . . . . . . . . . . . . . . . F. 5,625,000

Depuis 1815, la mort a frappé 1,055 Légionnaires, dont 395 civils, et 660 militaires. Le traitement de 250 f. alloué à ceux-ci s'élève à 165,000 f., et donne une extinction annuelle de 11,000 fr.

|  |  |  |
|---|---|---|
|  | 1816 — 165,000 |  |
|  | 1817 — 154,000 |  |
|  | 1818 — 143,000 |  |
|  | 1819 — 132,000 |  |
|  | 1820 — 121,000 |  |
|  | 1821 — 110,000 |  |
| Ainsi, l'*arriéré* appartenant | 1822 — 99,000 |  |
| aux héritiers des Légion- | 1823 — 88,000 | 1,320,000 |
| naires, s'élèvera pour | 1824 — 77,000 |  |
|  | 1825 — 66,000 |  |
|  | 1826 — 55,000 |  |
|  | 1827 — 44,000 |  |
|  | 1828 — 33,000 |  |
|  | 1829 — 22,000 |  |
|  | 1830 — 11,000 |  |

Total de l'*arriéré* de la Légion d'Honneur. . . . 6,945,000

RÉCAPITULATION DE L'ARRIÉRÉ DES CENT JOURS.

GRADES MILITAIRES. . . . . . . . . . . . 8,058,855
LÉGION D'HONNEUR. . . . . . . . . . . . 6,945,000

Total général. . . 15,003,855

QUINZE MILLIONS! Que cet *arriéré*, quel qu'il soit, n'effraie pas le gouvernement! Les Officiers des *cent jours* en feront le sacrifice sur l'autel de la patrie ; et, depuis le sous-lieutenant jusqu'au maréchal, unanimes dans leur noble désintéressement, ils renonceront à tout rappel de solde depuis le jour fatal où ils furent dépouillés de leurs grades et décorations, jusqu'au jour heureux qui les verra replacés au rang qui leur appartient près du drapeau qu'ils surent illustrer.

Honte à ces hommes qui, incapables de préjuger un sentiment généreux, cherchent à flétrir notre cause en la rabaissant à une *question d'argent* ! elle est pour nous une *affaire d'honneur*.

Un Vétéran des Cent Jours.